MITOLOGÍA CELTA

Cuentos del panteón celta

Adam Andino

Copyright © 2024 by Rivercat Books LLC

All rights reserved.

No portion of this book may be reproduced in any form without written permission from the publisher or author, except as permitted by U.S. copyright law.

CONTENTS

Introducción: Breve historia de la mitología celta	1
Capítulo 1: 11 dioses y diosas principales	7
Capítulo 2: Criaturas y personajes del panteón celta	14
Capítulo 3: Los mitos de Aengus	22
Capítulo 4: La vida de Lugh	32
Capítulo 5: La Dagda	41
Capítulo 6: Los mitos de Cu Chulainn	49
Capítulo 7: El salmón del conocimiento	56
Conclusión	59

INTRODUCCIÓN: BREVE HISTORIA DE LA MITOLOGÍA CELTA

Enya, la cantante irlandesa solista más vendida de todos los tiempos, dijo una vez sobre la antigua mitología del panteón celta: "Hay algo en la mitología celta que cala hondo en el alma". Aunque es más conocida por sus modernas canciones de folk celta, parte de la inspiración para escribir tales composiciones tiene sus raíces en la mitología celta. Aunque muchas de las deidades son comparables a otras, como las mitologías romana y nórdica, muchos de los mitos celtas son muy diferentes de los demás. El panteón y las propias criaturas son a veces todo lo contrario de lo que cabría esperar.

El panteón de los celtas es poco conocido debido a sus tradiciones orales, la guerra con Roma y el pasado migratorio de la cultura. Al igual que el panteón nórdico, muchas de las historias y leyendas han sido borradas de la historia. Los celtas a menudo carecían de alfabetización, por lo que sus historias se transmitían oralmente de generación en generación.

Los celtas

Como ya se ha mencionado, la falta de información deriva de tres facetas principales del cambio: la guerra con Roma, las tradiciones orales y la necesidad de emigrar. El pueblo celta, en pocas palabras, procede de las regiones que hoy son Gales, Escocia, Irlanda, Francia y España, e incluso se expandió hasta Turquía. Los pueblos de cada región tenían su propia cultura y lengua, pero sus religiones y deidades politeístas a menudo se solapaban. Aún existen dialectos celtas, sobre todo en Gales e Irlanda; algunos escoceses e irlandeses aún hablan versiones del gaélico, y algunos galeses pueden hablar galés.

Los celtas iniciaron su civilización en el año 1200 a.C., durante la Edad de Hierro, cuando los humanos descubrieron cómo construir herramientas de metal. Eran artesanos del bronce, el oro y el mercurio, con intrincados diseños de espirales en sus joyas y armas. Se extendieron desde Europa hasta Turquía, llegando incluso al sur de Egipto. Se cree que algunos celtas fueron mercenarios de la reina egipcia Cleopatra.

Permanecieron en tribus hasta que Julio César, del Imperio Romano, declaró la guerra a su cultura hacia el año 70 a.C.. Durante esta encarnizada guerra, fue también el primero en documentar la cultura celta. Los consideró "galos", que también se traducía por "bárbaros". Los galos eran el pueblo situado en lo que hoy se conoce como Francia.

La pérdida de una cultura

Aunque Julio César intentó librar al Imperio Romano de los galos, la cultura permaneció inquebrantable. Los romanos e incluso los griegos admiraban a los celtas en la batalla, lo que impulsó a muchos escritores de la época y posteriores a estudiarlos y documentarlos. Como resultado, durante esta guerra se escribieron algunos documentos sobre las culturas y los pueblos celtas. Sin embargo, esta admiración por los celtas no duraría. Aunque el Imperio Romano es uno de los responsables de la casi extinción de los celtas, también hubo otros factores.

Los Druidas

Los druidas eran una facción religiosa del pueblo celta y se les consideraba los más sabios. Creían en la reencarnación y adoraban a muchas deidades de su religión politeísta. Al igual que otros panteones de la antigüedad, los celtas rendían culto a deidades basadas en la naturaleza, como el sol y la luna, los ríos y lagos, y la agricultura. Los druidas, que actuaban como curanderos y figuras religiosas, creían ser capaces de adivinar el futuro a través de las formaciones de aves, la interpretación de los sueños y la meditación. Hombres y mujeres eran igualmente bienvenidos en sus establecimientos y también participaban en la educación y en su sistema judicial.

Los druidas creían que sus tradiciones no necesitaban ser escritas, sino que debían transmitirse por vía oral. A menudo prohibían los textos escritos para preservar sus tradiciones orales. Como consecuencia, su civilización carecía de documentación sobre ceremonias y procedimientos religiosos y culturales. Los escasos vestigios de su cultura se conservaron en cuevas de los Alpes escritas en su lengua, en los relatos de César y en los relatos medievales de sacerdotes cristianos.

La introducción del cristianismo

La introducción del cristianismo también fue culpable de la caída del pueblo celta y su panteón. Después de que el cristianismo se convirtiera en la religión dominante en Roma y su imperio, las fuerzas detrás de las Cruzadas consideraron que el politeísmo era impío y conquistaron a los numerosos pueblos celtas. En el año 432 d.C., San Patricio impuso el cristianismo a los pueblos celtas de Gran Bretaña. Muchas de las antiguas deidades fueron asimiladas a la fe cristiana como santos, y sus prácticas fueron asimiladas al cristianismo.

Sin embargo, esta nueva religión encontró resistencia. Como respuesta, los católicos ordenaron la erradicación de los druidas mediante matanzas masivas. Esta época tumultuosa condujo a la aniquilación de la religión politeísta. Las huellas de esta cultura perduran hasta nuestros días con la reintroducción del habla de las antiguas lenguas celtas, como el gaélico y el galés, e incluso a través de los símbolos religiosos. La cruz celta y el trébol de Irlanda representan este turbulento pasado y las huellas de su cultura. Algunas de las historias y leyendas se siguen contando en Irlanda hasta nuestros días.

La vida cotidiana de los celtas

Los celtas se parecían a los nórdicos en su vida cotidiana. Aunque no eran pueblos marineros, emigraban a distintas partes del norte de Europa. Vivían en tribus dentro de un poblado rodeado de muros de piedra y utilizaban esa misma piedra para construir sus casas. Los tejados eran conos construidos con cañas y paja. Su artesanía también incluía trabajos en metal, como joyas y armas.

Los celtas, famosos por su destreza en el combate y la equitación, eran guerreros valientes y feroces. Está documentado que los guerreros también cabalgaban desnudos a la batalla, posiblemente para intimidar a sus enemigos. Algunos textos conservados afirman que también conservaban las cabezas de sus enemigos como trofeo. Sin embargo, sus combates solían ser guerras desorganizadas, que más tarde quedaron obsoletas ante la presencia de los ejércitos romanos.

No todos los hombres celtas eran guerreros. Otras profesiones eran la artesanía, la herrería, la agricultura, el druidismo e incluso la poesía. Los bardos se encargaban de memorizar y recitar las historias y leyendas generacionales de su pueblo. Cada profesión no era más importante que las demás, y los hombres tenían derecho a elegir.

Las mujeres, además, no se limitaban a adoptar un papel de ama de casa. Las mujeres podían ocupar los mismos cargos que los hombres, ya fueran de guerrera, figura religiosa o incluso dirigente política. Tenían los mismos derechos que los hombres, lo que incluía el divorcio y tener bienes a su nombre.

Las costumbres religiosas de los celtas

El pueblo celta tenía algunas costumbres religiosas en su cultura. Además de venerar a las deidades, también consideraban sagradas algunas partes de la naturaleza. Los robles y los bosques son un ejemplo de su veneración por el mundo natural. Veneraban la naturaleza como si fuera un ser en sí mismo. En los bosques se celebraban rituales de importancia religiosa y política.

Parte de los rituales incluían sacrificios animales y humanos para apaciguar a ciertas deidades. Hay pruebas de sacrificios humanos y animales en lugares sagrados como humedales y bosques. También quemaban efigies creadas con paja y con humanos en su interior como apaciguamiento de los dioses o como forma de justicia. Los celtas también sacrificaban armas al dios del mar arrojándolas a ciénagas, ríos y otras masas de agua.

Aunque existían relatos espeluznantes de estas actividades, los celtas también rendían culto a los dioses a través de festivales. En mayo, celebraban Beltane, ahora conocida como la víspera de San Juan, que era un día para bailar y cantar. Este festival marcaba los meses más cálidos de la primavera y el verano, que entonces fomentaban la agricultura.

Samhain era el último día de octubre y el primero de noviembre, cuando se celebraba a los muertos e incluso se usaban disfraces y máscaras. Samhain era el ocaso del sol y, por tanto, la barrera entre la realidad y el Ultramundo se adelgazaba. Se creía que durante este tiempo, los antepasados y los espíritus podían entrar en contacto con los vivos. Sin embargo, también había espíritus malignos. Para protegerse de estos espíritus dañinos, los celtas se ponían trajes y máscaras a modo de disfraz para evitar que les hicieran daño. Esta práctica es uno de los ancestros de la actual celebración de Halloween.

A pesar de no contar con muchos textos escritos, el pueblo celta tenía mitos y leyendas que, afortunadamente, no se han perdido con el tiempo. Algunas de las historias son enrevesadas e incompletas debido a la falta de textos escritos. Algunas deidades también se encuentran en esta categoría, y se sabe muy poco sobre la religión, los mitos y las leyendas en su conjunto. El misterio de estas deidades e historias ha llevado a arqueólogos y aficionados a la mitología a hacer descubrimientos sobre esta civilización casi perdida y su singular perspectiva de la religión. En el próximo capítulo, los dioses y diosas recibirán su debida presentación.

CAPÍTULO 1: 11 DIOSES Y DIOSAS PRINCIPALES

A diferencia de otras mitologías como la griega, la romana y la egipcia, el panteón celta está incompleto. Esta mitología es similar al panteón nórdico con sus mitos incompletos. Sin embargo, ha habido una cierta resurrección de aprender más sobre el panteón celta. La música celta irlandesa de grupos a capella como Anuna y Celtic Women, e incluso bandas de metal suizas como Eluveitie, interpretan canciones sobre los mitos celtas. Estos grupos cantan tanto en inglés como en celta. Anuna y Celtic Women se especializan en el celta irlandés, mientras que Eluveitie lo hace en la mitología y la lengua de la antigua Galia. Algunas de las canciones de Eluveitie hacen referencia a las propias deidades como títulos de las canciones, con un intrincado uso de instrumentos y momentos de heavy metal, al tiempo que relatan recuerdos de la vida de entonces. Debido a la popularidad de estos grupos, la renovación celta de aprender sobre la ascendencia y la historia olvidada está en su apogeo.

Aunque existe una resurrección actual del panteón celta, sigue habiendo poca representación de los dioses propiamente dichos. Como cada tribu tenía su propia lengua y, por tanto, sus propios dioses y diosas, algunas de las deidades representan al mismo ser pero con un nombre diferente. En total, hay unas 400 deidades distintas dentro del panteón celta en su conjunto, incluidas las de las tribus individuales. Sin embargo, en este capítulo sólo se hablará de las más comunes. A continuación se presentan los principales dioses y diosas por orden alfabético; entre paréntesis figuran sus nombres en otras lenguas celtas.

Aengus (Aengus Óg, Óengus): Dios del Amor

Aengus era el dios de la juventud, el amor, la poesía y el verano. Nació de un romance entre su padre, el Dagda, y la amante de éste, Boann, que también era una de las diosas de los ríos. Como respuesta al embarazo de su amante, el Dagda hechizó a su hijo para acelerar el tiempo entre la concepción y el nacimiento, lo que dio como resultado la eterna juventud de Aengus. A menudo se le representaba con pájaros volando a su alrededor, en representación de sus besos y su amor. A menudo, Aengus y su amante aparecían como cisnes que se rodeaban mutuamente, un mito que se explica con más detalle en el capítulo 3.

Belenos (Bel, Belus): Dios de la curación

También conocido como "Belenus", esta deidad era el dios de la curación, la medicina, el sol, los festivales de primavera, la agricultura y el fuego. El dios de la curación estuvo casado con Danu, diosa de la sabiduría y la fertilidad, pero no se le conocen otras relaciones familiares. Sus habilidades se asemejan mucho a las de Apolo, dios del sol, la agricultura y la curación. A menudo se le representa con caballos y rayos que utiliza para interrumpir conflictos. Aunque algunas de las otras deidades sólo estaban representadas en una tribu concreta, hay pruebas de que el culto a Belenos se extendía desde Italia hasta Gran Bretaña.

Brigid (Brigit): Diosa de la fertilidad

Brigid era hija del Dagda y estaba casada con Bres, dios de la fertilidad y tirano. También fue la madre de Ruadan, un sacerdote conocido por sus profecías en el año 600 d.C., y más tarde se convirtió en uno de los Doce Apóstoles de Irlanda. Brigid era una diosa muy querida, ya que era la diosa de la curación, la herrería, el fuego, la poesía, la pasión, la fertilidad y la maternidad. Según el historiador N.S. Gill, como Brigid era tan venerada, fue introducida en la santidad después de que los católicos conquistaran a los celtas. A menudo se la comparaba con las diosas romanas Minerva y Vesta.

Cernunnos: Dios de la vida salvaje

No se sabe mucho sobre el dios de la fertilidad, el grano, la naturaleza, la riqueza, el inframundo y la vida salvaje: Cernunnos. Si no fuera por los hallazgos arqueológicos del antiguo arte celta, lo más probable es que Cernunnos no existiera en el panteón tal y como lo conocemos hoy. También conocido como el Dios Cornudo, Cernunnos se asociaba a menudo con animales cornudos como ciervos y toros. En el arte antiguo, a menudo se le representaba como una figura sentada con las piernas cruzadas y enormes cuernos en la cabeza. Se desconoce su relación con los demás dioses, pero se ha descubierto que renacía en el solsticio de invierno y moría en el de verano. Cernunnos era muy venerado por los druidas. También se cree que Cernunnos es el inspirador de la apariencia cornuda de Satán en el cristianismo.

El Dagda (Sucellos): Rey de los Dioses

El Dagda era el rey de los dioses. Mientras que muchos dioses principales de otras mitologías, como la romana, la nórdica y la griega, presentaban a sus reyes-dioses como crueles y pendencieros, el Dagda era todo lo contrario. Se le conocía como "el dios bueno" y gobernaba sobre el conocimiento, la fertilidad, la reencarnación, la muerte, el renacimiento, los artesanos, la agricultura, la protección, la música y muchas otras facetas. Era esencialmente el maestro de todos los oficios y el protector de las tierras. A menudo se le representaba como un dios alegre y divertido, con un arpa a su lado dotada de cualidades mágicas para cambiar tanto las emociones como las estaciones. También poseía un caldero que nunca se vaciaba y estaba equipado con un bastón mágico y una maza para la resurrección y la muerte, respectivamente.

El Dagda era el padre de Aengus, Aed, Brigid, Cermait, Danu y Bobd Derg y estaba casado con la Morrigan. Hay muchos cuentos y mitos que giran en torno al Dagda y su familia, que se analizarán con más detalle en capítulos posteriores.

Danu (Annan, Anu): Diosa de la Sabiduría y de la Muerte

Los antiguos celtas consideraban a Danu la Diosa Madre, no por ser la esposa del Dagda, sino por lo que representaba. Danu era la diosa de la tierra, las condiciones climáticas, la fertilidad, la muerte y la sabiduría. A menudo se la representaba preparada para la batalla con un cuervo en el hombro, símbolo de su reinado sobre la muerte y la sabiduría. Como protectora de las tierras, se la veneraba por su sabiduría en la batalla. Además de su papel en la muerte y la guerra, también propiciaba la vida y la prosperidad.

Danu era hija de Dagda y esposa de Belenos, el dios de la curación, y de Beli, el dios del mar. No se sabe si tuvo hijos. Sin embargo, se podría suponer que consideraba a los celtas sus hijos debido a su gran veneración. Los estudiosos creen que su influencia en la cultura celta fue la causa de que el río Danubio, que atraviesa Europa, recibiera su nombre.

Epona Patrona de los caballos

Puede que Epona sea la deidad más reconocible por su nombre y su asociación con los caballos en particular. A menudo, en la serie de videojuegos *Legend of Zelda*, uno de los famosos compañeros de Link es su caballo, Epona. Sin embargo, en la mitología celta, Epona es más que una compañera. Reinaba sobre la fertilidad, la agricultura, el calvario, los caballos, las mulas, los asnos y los bueyes. En sus primeros textos e ilustraciones, Epona nunca aparecía en su forma humana, sino como un caballo o una mula. Sin embargo, una vez adoctrinada en la mitología romana debido a su admiración por parte de la caballería romana, posaba en su forma humana sobre un carro o en un trono entre dos caballos. Al igual que ocurre con muchas de las deidades de la mitología celta, se desconoce si tenía alguna relación familiar con las demás deidades.

Lugh (Lugus, Lamfhada, Luga): El Dios de los Reyes

Lugh era el dios de los reyes, la justicia, el sol, la astucia, el liderazgo y la artesanía. Era uno de los dioses más destacados que adoraban los celtas, debido a su impresionante inteligencia y habilidades en la batalla. Fue objeto de muchos mitos, entre ellos la ejecución del tuerto Balor. Los celtas creían que blandía una lanza mágica contra sus enemigos con una precisión superior a la de los hombres. Otros mitos decretaban que poseía la capacidad de metamorfosearse en otras identidades y formas.

Según el mito, Lugh era el padre del semidiós más destacado, llamado Cu Chulainn. A menudo utilizaba sus artimañas para conseguir esposas y amantes, además de su amor por los juegos y la venganza. Uno de los mitos sobre su nacimiento se tratará en el capítulo 4.

Manannan(Manannanmac Lir): Dios del Mar

Manannan era el dios del mar y guardián del Sobremundo, la versión del cielo o Elíseo del panteón celta. Las historias más comunes giran en torno a Manannan y sus hijos, especialmente su hijo adoptivo Aengus y su hija Niamh. Algunas fuentes creen que su esposa era Fand, una deidad acuática, o Aine. En algunos textos, se cree que Aine era su hija. El padre de Manannan era el dios del océano L ir.

La Morrigan: Diosa de la Guerra

Morrigan, también conocida como la Reina Fantasma, era la diosa de la guerra, la muerte, la profecía y el destino. Era una de las diosas más temibles del panteón celta y a menudo adoptaba otras formas. Sus otras formas consistían en una anciana débil y frágil, un cuervo, una armadura manchada de sangre y un lobo. Se creía que, cuando un guerrero veía un cuervo en el campo de batalla, su muerte estaba cerca. Uno de los mitos sobre el Dagda y la Reina Fantasma gira en torno a la profecía de su muerte, que se explicará con más detalle en el Capítulo 5.

La Morrigan solía estar asociada a una tríada de diosas que también llevaban su nombre. En algunas historias, podía ser representada como una diosa singular o como parte de la trifecta con sus hermanas Nemain, Badb y Macha. También estaba casada con el rey de los dioses, Dagda.

Taranis: Dios del Trueno

Taranis era el dios del trueno, las tormentas y el clima extremo. A menudo se le representaba con un rayo en el puño y montado en un carro, una imagen que reflejaba tanto a Thor, de la mitología nórdica, como a Zeus, de la griega. Sin embargo, lo que le diferenciaba eran los rituales, a menudo brutales, que se celebraban bajo su nombre. Estos rituales también incluían a otros dos dioses:

Esus, equivalente al dios romano Marte, y Teutates, dios de la tribu. El triunvirato de estos dioses exigía a menudo sacrificios humanos, según César y los posteriores monjes cristianos que se dedicaron a vilipendiar la religión politeísta.

Existen pruebas de que el sacrificio humano, ya fuera bajo un altar o quemando efigies llenas de personas vivas, era una práctica habitual para apaciguar a Taranis. Se le consideraba uno de los protectores de la tierra y era temido por su culto. Los que creían en Taranis se expandieron de Irlanda a España y Francia con los hallazgos arqueológicos de ruedas, uno de sus símbolos. La rueda representaba la movilidad, así como la rápida formación del mal tiempo.

Conclusión

Todos los dioses y diosas del panteón celta desempeñaban un papel fundamental en los entresijos de la vida de los celtas. Basándose en lo que los dioses representaban en su mayoría, estaba claro que el pueblo celta valoraba la fertilidad y la agricultura más que cualquier otro rasgo. Debido a la falta de textos que nos permitan comprender plenamente las complejidades de esta mitología, su misterio sigue intrigando a muchos hasta nuestros días. Desde personajes de videojuegos hasta canciones escritas en celta antiguo, los recuerdos de un pasado lejano han resucitado. Sin embargo, una de las inspiraciones de todo un género de fantasía y terror reside en las criaturas, semidioses y héroes del antiguo panteón celta.

CAPÍTULO 2: CRIATURAS Y PERSONAJES DEL PANTEÓN CELTA

Aunque resulte tentador imaginarse las leyendas del Rey Arturo y su infame viaje, el panteón celta es anterior a las leyendas artúricas. El panteón celta puede considerarse el antecesor de las leyendas de criaturas mágicas y lugares místicos, con sus mitos y leyendas fuertemente basados en lo sobrenatural y fantástico. Las criaturas iban de la diversión inofensiva a monstruos horripilantes. Los vestigios del panteón celta perduran hasta nuestros días y siguen inspirando a nuevos creadores y narradores con su colección de monstruos.

Criaturas y monstruos

A pesar de su falta de textos escritos, la mitología celta sigue teniendo una gran riqueza de criaturas únicas y horripilantes que añadir a la imaginación humana. Estas criaturas iban desde inofensivas molestias hasta terroríficos monstruos. Muchas de las criaturas sobrenaturales que conocemos hoy proceden del panteón celta.

Balor

Según la leyenda, existía un reino al que muchas criaturas sobrenaturales llamaban hogar. Estas criaturas sobrenaturales eran conocidas como los Fomorianos, con Balor como líder. Se decía que vivían en las oscuras profundidades de lagos y mares. A menudo causaban estragos entre los mortales y los propios dioses.

Estaba escrito que Balor tenía un ojo maligno y a menudo se le representaba como un gigante -equivalente al cíclope de las mitologías griega y romana-. Su único ojo maligno tenía el poder de matar a cualquiera que lo mirara, por lo que a menudo lo tenía cerrado. En muchos mitos celtas, el gran rey moría en una batalla a manos de su nieto, que los eruditos creían que era el propio Lugh.

Banshee

La banshee era una criatura común cuyo chillido avisaba a los mortales de una muerte inminente. Este monstruo era muy común en los cuentos populares irlandeses e incluso sirvió de inspiración para muchas historias de terror. Las banshees eran a menudo representadas como macabras doncellas o ancianas cuyos escalofriantes chillidos advertían a los mortales de la dolorosa muerte futura de sus seres queridos. Dependiendo del mito, estas necrófagas chillonas podían ir ataviadas con un vestido blanco o un manto gris o negro con capucha. Fuera cual fuese su apariencia, sus escalofriantes gemidos presagiaban una muerte inevitable.

Caorthannach

También conocida como la escupefuegos, Caorthannach era un demonio serpiente femenino que luchó contra San Patricio. Algunos creían que era la madre del diablo. San Patricio la persiguió desde la cima de Croagh Patrick después de que escapara a su intento de expulsar a todas las serpientes demoníacas al mar. Durante la persecución, envenenó todas las formas de agua potable mientras le escupía fuego, pero Patricio no bebió hasta que la arrojó al océano para que se ahogara con el resto.

Dearg-Due

Antes del Drácula de Brahm Stoker, vagamente basado en Vlad el Empalador, existía un vampiro más destacado en el folclore celta, concretamente en Irlanda. La Dearg-Due era un hermoso demonio femenino que atraía a los hombres a la muerte y les drenaba la sangre. Al igual que Drácula, que se alimentaba de mujeres, Dearg-Due se alimentaba de hombres mortales.

El Dearg-Due original era la historia de una joven doncella rica y hermosa que se enamoró perdidamente de un campesino en contra de los deseos de su padre. Como consecuencia, su padre la castigó obligándola a casarse con otro en un matrimonio concertado. Sin embargo, los abusos fueron constantes, lo que la llevó a la muerte. Como consecuencia, juró vengarse de los hombres de más allá del velo.

Dullahan

Otra criatura común en el mundo actual se inspiró en el monstruo celta conocido como el Jinete sin Cabeza. Montado en un caballo negro con ojos de brasa y vestido con una capa negra, era el presagio de la muerte y no temía hacer daño a los transeúntes inocentes cuando cabalgaba por los pueblos. Dullahan llevaba la cabeza bajo un brazo y azotaba a su corcel, así como a los curiosos, con una espina dorsal humana.

La leyenda dice que, cuando entraba en una aldea, la muerte no tardaba en llegar. Cuando alguien oía su nombre, moría al instante. Cuando se producía la muerte, levantaba la cabeza para contemplar el espectáculo. Además de la banshee, la pareja solía aparecer junta y predecía la muerte de muchos.

Gigantes

Muchos de los mitos comunes que han sobrevivido giran en torno a los gigantes. La mayoría de las veces, los temibles gigantes se interponían entre el héroe y sus objetivos o las mujeres que amaba. Como resultado, estos obstáculos eran casi insuperables tanto en tamaño como en fuerza. Las influencias externas, como los mitos griegos y romanos, también pueden compararse con los gigantes de los mitos celtas.

Hadas

Otra criatura común del panteón celta es una de las criaturas fantásticas más destacadas hasta la fecha. Las hadas están omnipresentes en medios que van desde las películas de Disney hasta los videojuegos y las novelas de fantasía. Aunque pueda parecer que las hadas solían ser guías, en la mitología celta eran conocidas por gastar bromas a los mortales o alejar a los viajeros cansados de sus destinos. Tenían forma humana y experimentaban emociones como los humanos, pero estaban dotadas de dones y poderes sobrenaturales. También se las representaba de distintos tamaños, desde la criatura más pequeña hasta el tamaño de un ser humano. Las hadas, o Fae, solían clasificarse en dos categorías principales: Unseelie y Seelie.

Los Unseelie eran seres oscuros. La mayoría de las veces, como los gnomos, se divertían gastando bromas a los humanos. Sin embargo, había algunos que eran sinónimo de demonios, como los duendes. A lo largo de la historia, se creía que este tipo de hadas eran ángeles caídos y degradados del cristianismo, espíritus de los muertos o, simplemente, demonios.

Las hadas Seelie, por el contrario, eran criaturas serviciales y alegres, similares a las hadas representadas en la cultura popular actual. Esta categoría de hadas incluía duendes, duendecillos y espíritus etéreos que guiaban a los héroes en su viaje. Las hadas Seelie también gastaban bromas inofensivas a los humanos. Sin embargo, si un hada se sentía ofendida, representaba una amenaza para proteger su reino.

Duendes

El duende es un elemento básico de la cultura irlandesa, tanto en la actualidad como en el pasado. Estos hombrecillos vestidos de verde y con barba naranja llevaban un trébol de cuatro hojas, símbolo de la suerte. Los leprechauns eran seres sobrenaturales solitarios que solían disfrutar haciendo travesuras. Algunos estudiosos creen que los duendes son considerados hadas, pero su estilo de vida solitario contradice esta teoría. En épocas posteriores, los duendes eran conocidos por su forma de hacer zapatos y su costumbre de esconder una olla de oro al final del arco iris. También se creía que si alguien atrapaba a un duende, éste le concedería tres deseos.

La bestia buscadora

Esta antigua bestia era una quimera que a menudo infundía miedo en los corazones de los hombres. Tenía cabeza de serpiente, cuerpo de leopardo, ancas de león y pezuñas de ciervo. Esta criatura solía atacar a guerreros y caballeros durante las leyendas de Arturo. Se afirmaba que la criatura era rápida en atacar con un grito de guerra que sonaba como 30 lobos aullando simultáneamente.

Sluagh

Los Sluagh eran los fantasmas celtas de su panteón. Se les consideraba pecadores atrapados entre el mundo de los vivos y el de los muertos. Sus almas vagaban por la tierra porque ni el cielo ni el infierno las querían; en su rabia y dolor por su circunstancia, los Sluagh robaban las almas de los vivos. Algunas familias irlandesas mantenían siempre cerradas las ventanas que daban al oeste para mantener a los Sluagh fuera de sus casas. Sin embargo, era práctica común que los Sluagh raptaran a cualquier alma que mirara debido a la rabia que sentían por su destino.

Un semidiós y un héroe

Una de las tragedias del panteón perdido es que hay muy pocas historias y mitos que giren en torno a héroes y semidioses. Las mitologías más completas tienen el lujo de contar con muchos mitos con semidioses, pero el panteón celta carece de ello. La mayoría de las historias se han perdido con el paso del tiempo a medida que se extinguían las diferentes culturas de los celtas. César escribió una vez que los galos tenían, por ejemplo, un mito de la creación, pero lo que queda son fragmentos que no se pueden reconstruir. Lo mismo ocurre con los semidioses y los héroes.

A través de la narración oral tradicional, dos figuras permanecen aún hoy en el folclore irlandés; por desgracia, otros héroes de las numerosas tribus dispersas por Europa desaparecieron una vez que los celtas se convirtieron por la fuerza al catolicismo. Sin embargo, a pesar de esta conversión, los irlandeses seguían contando historias del gran Cu Chulainn y Finn mac Cumhaill.

Los cuatro ciclos de la mitología

El panteón celta tenía cuatro ciclos mitológicos diferentes en los que transcurrían todas las historias. Cada ciclo era un parpadeo en el tiempo, desde el año 2000 a.C. hasta el 1400 d.C., que tenía sus propias formas de magia e intriga. Los nombres de estos ciclos eran: Ciclo de las Invasiones, Ciclo del Ulster, Ciclo Feniano y Ciclo de los Reyes.

Cu Chulainn

Cu Chulainn formaba parte del Ciclo Ulster de mitología, que abarcaba los cuentos de Uliad, un reino con un poderoso rey llamado Conchobar mac Nessa. Se creía que Cu Chulainn era hijo del dios del sol Lugh y de una mujer mortal llamada Deichtine. Existen varias historias en torno a su nacimiento, cada una más escandalosa que la anterior. Nació con el nombre de Setanta y, cuando tenía unos cinco años, salvó a uno de sus maestros de un sabueso salvaje enemigo. Como resultado, su nombre fue en adelante Cu Chulainn, o "el sabueso de Culann". Cu Chulainn era un guerrero temible en la batalla, sobre todo por su capacidad de berserk. En ese estado, le resultaba imposible distinguir entre amigos y enemigos.

Cu Chulainn alcanzó un estatus legendario gracias a sus muchas habilidades en la batalla y a la vida que había vivido. Desde matar accidentalmente a su propio hijo, pasando por sus muchas amantes, hasta su muerte, Cu Chulainn fue un hombre intrigante y vivió muchas aventuras. Las historias que envuelven a esta figura de la mitología se explorarán en el capítulo 6.

Finn mac Cumhaill

Finn mac Cumhaill fue un héroe conocido por sus habilidades en la batalla y por utilizar su inteligencia para sacar ventaja en otras historias. Formó parte del Ciclo Feniano, cuyas historias giraban principalmente en torno a él. Se basó en gran medida en una figura histórica del siglo III de nuestra era y ha consolidado su estatus de leyenda dentro de los mitos irlandeses. Las historias las narraba su hijo Oison, un poeta.

El Ciclo Feniano de mitología narra la vida de Finn mac Cumhaill. Mitos como el del Salmón del Conocimiento y la creación de la Calzada de los Gigantes en Irlanda fueron algunos de los más famosos, en los que se narraban sus poderosos conocimientos y sus hábiles técnicas de combate. La descripción del héroe decía que era tan alto como un gigante y que tenía un pulgar mágico que le proporcionaba sabiduría y conocimiento.

Conclusión

Las criaturas míticas y las leyendas del panteón celta destacaban por su capacidad para inspirar a futuros creadores. Los monstruos eran terroríficos y los héroes exigían respeto y admiración. Las criaturas iban desde espíritus guías y molestos hasta monstruos mortales que creaban el caos tanto para los héroes de leyenda como para el común de los mortales. Estas criaturas, especialmente las imbuidas de elementos mágicos, eran sólo una parte de los mitos que abarcaban el panteón celta. En el resto de este libro se explorarán con más detalle las historias que rodean a algunas de estas criaturas, héroes y deidades.

CAPÍTULO 3: LOS MITOS DE AENGUS

Al igual que otras mitologías, la celta suele estar impregnada de temas relacionados con el amor y la lujuria, la búsqueda del poder o la salvación de los miembros de la familia de un enemigo feroz. Los mitos de los próximos capítulos no son una excepción. La violencia, el derramamiento de sangre y el engaño están omnipresentes en los mitos de Aengus, incluido su nacimiento y el motivo de su transformación en cisne.

El producto de una aventura

La creación de Aengus fue un mito envuelto en engaños tanto de su padre, el Dagda, como de su madre, Boann, una diosa del río Boyne. Boann estaba casada con Elcmar, que era mayordomo del Dagda. Boann tenía profundos sentimientos románticos hacia el Dagda, que se consumaron una noche. Algunas fuentes afirman que el Dagda la visitó en sueños, mientras que otras afirman que la visitó en persona. Ocurriera como ocurriera, la concepción de Aengus era inevitable. Para consumar sus sentimientos mutuos, el Dagda envió a Elcmar a hacer un recado.

Mantener el Sol en su sitio

Cuando se descubrió que había concebido un hijo, el Dagda utilizó sus poderes para controlar el paso del tiempo. Para ocultar el hijo ilegítimo a Elcmar, la solución de Dagda fue mantener el sol en su sitio hasta que naciera el niño. Durante nueve meses, el Dagda mantuvo el sol en su lugar para engañar a Elcmar, y a todos los demás, haciéndoles creer que sólo había pasado un día.

Mientras Elcmar estuvo fuera, el Dagda se aseguró de que el mayordomo no se sintiera incómodo. Consiguió disipar la sed, el hambre e incluso la oscuridad de Elcmar, haciéndole creer que sólo había pasado un día. Mientras tanto, el niño creció dentro del vientre de Boann hasta su nacimiento. Boann llamó a su hijo Aengus y se lo entregó al Dagda, que lo escondió a salvo de la venganza en caso de que Elcmar descubriera alguna vez la aventura de su esposa y el hijo resultante.

El Dagda confió el niño a Midir, uno de sus hijos, para que desempeñara el papel de figura paterna. Cada día que pasaba, Aengus se volvía más listo con sus juegos de palabras, lo que le prepararía para futuros éxitos en batallas de ingenio. El niño se convirtió en un apuesto joven que nunca envejecía. Se creía que su inmortalidad se debía a que el Dagda mantenía al sol en su lugar mientras él estaba en el vientre materno.

Recuperar el castillo

No está claro cuándo descubrió Aengus su verdadero linaje, pero fue en algún momento después de alcanzar la mayoría de edad. Se especula que este descubrimiento podría haber sido de su padre adoptivo y su esposa Fuamnach, ambos presentes en un mito posterior. Tras este descubrimiento, Aengus engañó a su padrastro para reclamar su legítimo hogar.

Una vez que supo la verdad de su nacimiento, Aengus buscó al Dagda y le exigió que le diera tierras, como había hecho recientemente con sus otros hijos. El Dagda se negó y, en su lugar, convenció a su hijo para que robara la casa de Elcmar en Bru na Boinne.

Aengus, con su lengua escurridiza, llamó a la puerta de Bru na Boinne, que reveló a Elcmar. Aengus pidió pasar la noche en la casa. Debido al énfasis que se ponía en la hospitalidad en el antiguo mundo celta, Elcmar accedió a que pasara la noche.

Laa ocus aidce. "Un día y una noche". Cuando estas palabras se pronunciaban en la antigua lengua irlandesa, también podían malinterpretarse como "todos los días y todas las noches". Aengus planeó que estas palabras se utilizaran en este contexto. El ingenioso juego de palabras de Aengus procedió a confundir y humillar aún más a Elcmar cuando se decretó que éste debía ceder sus tierras al hijo de la aventura de su esposa.

Mito alternativo

También se especuló con la posibilidad de que Aengus utilizara este truco con el propio Dagda para reclamar el lugar que le correspondía. En lugar de ir a la casa de Elcmar en Bru na Boinne, algunas historias afirman que la residencia del Dagda estaba en este lugar. Enfurecido porque su padre se negaba a darle tierras mientras sus hermanos recibían las suyas, Aengus le gastó esta misma broma al Dagda, lo que obligó al dios de los reyes a dar estas mismas tierras a su hijo.

El cortejo de Etain

El cortejo de Etain fue uno de los mitos más completos del Ciclo de la Invasión de la mitología celta. El Ciclo de la Invasión formaba parte de las guerras entre varios seres sobrenaturales -dioses y criaturas por igual- que luchaban por reclamar Irlanda como suya. Este primer ciclo presentaba las historias de los antiguos dioses, y su mito era uno de los más famosos.

La mujer despechada

Midir el Orgulloso, hermano y padre adoptivo de Aengus, fue una vez el rey del pueblo de las hadas conocido como Tuatha De Danann. Él y su esposa Fuamnach vivieron juntos durante muchos años, satisfechos con su relación. Vivían en Bri Leith, o más concretamente, en las Colinas Huecas.

Un día, mientras Midir cazaba con sus hombres, se encontró con la joven más hermosa que había visto nunca lavándose el pelo junto al arroyo. Descubrió que se llamaba Etain. La pareja se enamoró al instante, y Midir quiso casarse con ella y llevarla a casa, a Bri Leith. Ella aceptó y ambos se casaron poco después.

Midir y Etain pasaban mucho tiempo juntos, y la noticia de su belleza corría rápidamente por todo el reino. Rara vez se separaban, pues Midir no soportaba estar mucho tiempo lejos de ella. Desatendió las necesidades de su primera esposa, lo que provocó una furia completa de magia y venganza. Tras ver a su marido en brazos de otra, el consuelo y el amor que una vez tuvo se oscurecieron con la rabia, la traición y los celos. En su miseria, reclutó la ayuda de un druida para un hechizo mágico.

El druida Bressal, junto con Fuamnach, entró en la alcoba de Etain por la noche mientras dormía. Bressal conjuró entonces una tormenta y transformó a Etain de la doncella más bella de la tierra en una mosca. La tempestad la arrastró en sus vientos y la arrojó lejos del castillo de su amor, Midir el Orgulloso.

La vida de una mosca

Durante siete largos años, Etain fue azotada por todo el país por la tormenta que dejó sus alas maltrechas y desgarradas. Sus siete años de vuelo sin fin llegaron a su fin cuando aterrizó en el alféizar de la ventana de Bru na Boinne. Cuando por fin pudo descansar, se metió en la alcoba de Aengus.

Aengus reconoció inmediatamente a Etain tal como era; vio a través del hechizo que le habían lanzado el druida y Fuamnach. Por mucho que lo intentó, no fue capaz de deshacer completamente el hechizo. Fue capaz de darle lo más parecido a su forma humana. Desde el atardecer hasta el amanecer, Etain volvió a ser humana. Aengus plantó las flores y arbustos más aromáticos y coloridos en los rincones más soleados de su jardín para su uso personal, mientras ella pasaba sus días como mosca.

Con el tiempo, Aengus y Etain se fueron acercando y acabaron enamorándose. La pareja creía que pasarían juntos muchos años largos y felices. Lo único predecible de la vida es su imprevisibilidad; pronto, la despechada primera esposa de Midir descubrió el lugar de refugio de su rival.

Fuamnach se transformó en cuervo y observó desde un manzano situado en el centro del jardín. Detectó a la delicada Etain mientras se movía de flor en flor. De un solo golpe de pico, Fuamnach arrebató a Etain y conjuró otra poderosa tormenta. Una vez más, fue arrastrada lejos de su hogar, más allá de los montículos de las hadas y hacia un territorio donde pocas hadas se atrevían a ir.

Tras la segunda desaparición de Etain, Aengus se dio cuenta de que había sido secuestrada por el celoso Fuamnach. Furioso, lanzó al aire una poción mágica e invocó a los dioses para que pusieran fin a su sufrimiento en la tierra. Mientras tanto, Etain fue arrastrada por otra ráfaga de viento, que la llevó al reino del Ulster.

El rey del Ulster, Etar, celebraba una gran fiesta con sus nobles, que se agolpaban en el castillo para una noche de baile y alegría. Etar estaba sentado junto a su esposa, disfrutando de la fiesta. Ella sostenía una copa de vino entre las manos mientras disfrutaba de su tiempo junto a su marido.

Agotada, Etain se dejó caer sobre el borde de la copa de vino. Atraída por su dulce aroma, se inclinó hacia delante para dar un pequeño trago. Se resbaló y chapoteó en el vino cuando la reina le acercó la copa a la boca. La reina se tragó a Etain. En las semanas siguientes, la esposa de Etar descubrió su milagroso embarazo, llevando a Etain a su próxima vida como mortal. Los dioses accedieron a la petición de ayuda de Aengus en cuanto Etain fue engullida y anidada en el vientre de una reina mortal. Etar y su esposa dieron la bienvenida a una niña llamada Etain. Era la misma Etain de antes, sin los recuerdos de su vida anterior.

En los años anteriores a la reunión de Midir y Etain, Aengus persiguió a su madre adoptiva en busca de venganza. La siguió hasta el lugar donde se alojaba con su amigo druida Bressal y la decapitó. Llevó su brutal trofeo de vuelta a casa, al Bru na Boinne.

Por fin juntos

Midir y Etain se reunieron muchos años después, cuando ella ya estaba casada con el rey de Erin conocido como Eochu. Eochu también tenía un hermano llamado Ailill, que creció demacrado por la enfermedad de su amor no correspondido por Etain. Cuando su marido salió del castillo para recorrer su reino, Ailill le confesó su amor por ella, y la única cura para su enfermedad era ella. Ella quería que se sintiera mejor, así que aceptó reunirse con él en una cabaña de la colina, lejos de miradas indiscretas y para mantener el asunto alejado del lecho del rey.

Midir se infiltró en los muros del castillo y se disfrazó de Ailill cada una de las tres veces. Se reunió con Midir, pero comprendió que había algo raro en el hermano de su marido. En lugar de mantener relaciones con el impostor, conversó con Midir. En el tercer encuentro, Midir confesó finalmente quién era él y la doncella que era antes.

Al principio, se negó a creer que era una mortal renacida. Tras mucho convencerla, acabó creyendo a Midir y aceptó volver a casa con él sólo si Eochu se lo permitía. Cuando Eochu regresó a su castillo, Midir le retó a una partida de ajedrez.

Al principio, Eochu parecía ser el mejor jugador. Las apuestas subían constantemente, con pérdidas cada vez mayores para Midir. En la última partida, Midir propuso un desafío en el que el ganador podía besar y abrazar a Etain. Creyendo que ganaría, Eochu aceptó el desafío. Por desgracia, el rey perdió la apuesta. Una condición que puso fue que Midir pudiera reclamar su premio al cabo de un año.

Durante ese año, Eochu exigió que su castillo estuviera fuertemente custodiado para preparar el regreso de su enemigo. A pesar de los numerosos guardias, Midir se coló en el castillo sin ser detectado. Allí se enfrentó al rey para reclamar su premio. Cuando el rey accedió a que ambos se besaran y abrazaran, tanto Etain como Midir se convirtieron en cisnes y se fueron volando.

Midir y su verdadero amor se transformaron en cisnes para poder disfrutar por fin de la vida que habían deseado juntos tras años de espera. En el siguiente mito, hay algunas similitudes entre ambos hermanos en su búsqueda incesante del amor verdadero.

Los sueños de Aengus

Ser el dios del amor tenía sus ventajas, y Aengus las aprovechaba a menudo. Podía enamorar a cualquier mujer, ya fuera mortal o una poderosa diosa. Utilizaba su atractivo y su lengua aterciopelada para atraer a las mujeres a su cama. Además, los pájaros que le rodeaban entonaban hermosas canciones que le ayudaban a cortejar a las mujeres.

La mujer de sus sueños

Una noche, mientras dormía, Aengus soñó con una hermosa doncella. Aunque no sabía su nombre, quedó prendado de su belleza. Se despertó sobresaltado y se dio cuenta de que acababa de ver el rostro de su verdadero amor. Su corazón se retorció de anhelo y angustia por no poder conocerla, así que reclutó la ayuda de su madre Boann y de una diosa del ganado llamada Bealach na Bo Finne.

Buscaron por toda la tierra durante un año y regresaron exhaustas y con las manos vacías. Las diosas no pudieron encontrar a la misteriosa mujer de los sueños de Aengus. Angustiado, pidió ayuda a su padre, el Dagda, para encontrar a su amor perdido. Pasó otro año antes de que el Dagda regresara para revelar que tampoco podía encontrar a la joven doncella.

En un último intento por encontrar a su amor perdido, Aengus pidió ayuda a uno de los amigos del Dagda, el rey Bodg Derg del reino de Munster. Una vez más, Aengus esperó un año hasta que Bodg Derg regresó, pero esta vez le reveló cómo la había encontrado por fin. Le dio su ubicación a Aengus, y luego le dio su nombre: Caer Ibormeith. Aprendió todo lo que necesitaba saber y partió en busca del amor de su vida.

Una aguja en un pajar

Cuando Aengus llegó al lugar donde se encontraba su amor perdido, era el último día de Samhain o Halloween actual. En la orilla del lago conocido como Boca del Dragón, descubrió a 150 mujeres con cadenas que las ataban de dos en dos. Sabía que su verdadero amor estaba aquí, esperando a que él la liberara de su cautiverio.

Indignado, entabló conversación con los captores de las mujeres. Se descubrió entonces que al final de Samhain, todas las mujeres se transformarían en cisnes durante un año. Aengus explicó que creía que una mujer era su alma gemela.

Apostó que si encontraba a su doncella en forma de cisne, podría casarse con ella. Los captores aceptaron la apuesta. Mientras contemplaba los rostros de estas 150 mujeres, reconoció el de la mujer de sus sueños. Sus ojos se llenaron de esperanza cuando su mirada se posó en ella y el reconocimiento inundó su rostro.

El amor de un cisne

Después de que las mujeres se transformaran en cisnes, a Aengus le pareció inútil. No había forma de distinguir a Caer de cualquier otro cisne basándose en su aspecto físico actual. Reflexionó durante un breve instante antes de decidir encontrar también a su amor transformándose él mismo en cisne. Tras su transformación, llamó a su verdadero amor, que le respondió.

Aengus y Caer se unieron por fin tras muchos sueños con ella. Una vez que se descubrieron el uno al otro, la pareja voló mientras entonaban la canción más hermosa conocida por el hombre. Su armonía en la canción lanzó un hechizo somnífero sobre sus captores, que les hizo dormir durante tres días enteros antes de despertar.

Desde aquella noche, la pareja perfecta vuelve a transformarse en cisnes cada dos años al final de Samhain. La pareja, junto con las otras 149 mujeres, se reúne y conserva su forma de cisne durante el resto del año. Permanecen en esta eterna danza entre formas con un amor interminable.

Conclusión

Aengus aparece en un total de cinco mitos diferentes del panteón celta. Su influencia y poder en el contexto de los mitos garantizaron su éxito como dios, y fue una deidad muy querida por los celtas. Aunque las circunstancias de su nacimiento fueron escandalosas, también fue un faro de esperanza para los pueblos celtas. Él y su hermano Midir fueron capaces de encontrar, y conservar, el amor que habían estado buscando, incluso a través del doloroso juego de la espera. Aengus tenía muchos dones, pero la perseverancia en el amor era el más notable.

CAPÍTULO 4: LA VIDA DE LUGH

Como uno de los dioses más destacados del panteón celta, Lugh era un maestro de todos los oficios y creía en el valor de los juramentos. Era insuperable en la batalla y se le conocía como Lumfada o "brazo largo". Esto era en referencia a la lanza que prefería en la batalla y a su dominio sobre el arma. Amado y temido a la vez, Lugh fue, en un tiempo, gobernante del pueblo de Tuatha de Danann. Como dios de la justicia y del cumplimiento de los juramentos, es probable que su nombre fuera un homenaje celta a la frase que significa "atar por juramento". A pesar de ser rey y gobernar sobre la justicia, también utilizaba artimañas para engañar, mentir y robar con el fin de dominar a sus enemigos.

Debido a la importancia de Lugh en el panteón, los celtas incluso tenían un festival con su nombre. El 1 de agosto, los celtas celebraban la vida y la muerte de Lugh, especialmente su victoria en Tir na nOg, de la que hablaremos más adelante. La vida de Lugh fue fascinante y continuó incluso después de su muerte.

El nacimiento de Lugh

Al igual que Aengus, Lugh fue un niño nacido en un ambiente escandaloso. De este singular nacimiento se derivan diferentes mitos, pero uno destaca sobre el resto. Algunos mitos afirmaban que su padre Cian y su madre Ethniu se casaron para cimentar una unión entre el pueblo de los Tuatha De Danann y los fomorianos. Según este mito, los Tuatha De Danann estaban a punto de invadir a los fomorianos, y el matrimonio fue el resultado de una paz definitiva entre los reinos. Sin embargo, surgió una versión posterior del mito, que narra la profecía de su nacimiento.

Una visión profética

Balor, una de las criaturas legendarias del panteón celta, era el rey de los fomorianos, una raza de gente demoníaca que habitaba en las profundidades de mares y lagos. Un día, un druida habló de una profecía sobre Balor: que sería asesinado por su nieto. Sorprendido, Balor corrió a su castillo y ordenó que encerraran a su hija Ethniu en una torre llamada Tor Mor, o "gran torre", en la isla de Tory, en Irlanda.

No debía enterarse de la existencia de los hombres para evitar el embarazo y, por tanto, de la profecía. Ethniu era muy joven en el momento de su encarcelamiento. Balor era meticuloso en cuanto a quién cuidaría de su hija, por lo que sólo confió su cuidado a mujeres. En total, doce mujeres en distintos turnos se ocuparon de todas sus necesidades mientras crecía hasta la edad adulta.

La noche fatídica

Mientras tanto, fuera del Tor Mor, había una vaca famosa que producía una leche tan bien recibida que atraía incluso a gente como Balor. La vaca estaba siendo cuidada por Cian, el padre de Lugh, para su hermano que estaba ausente en ese momento. Cian era también uno de los sanadores de los dioses, y ocupaba una posición muy respetada en el panteón.

Balor, en su codicia, quería la vaca mágica para él. Se ofreció a comprarla, pero Cian rechazó la oferta. Enfurecido, Balor se transformó en un pequeño mortal pelirrojo con pecas y le contó una historia de dolor. Engañó a Cian y, con sus artimañas, consiguió convencerle de que le diera la vaca.

Poco después, Cian se dio cuenta de que le habían engañado. Había oído rumores de una mujer atrapada en una torre, que también resultó ser la hija de Balor. Buscando venganza por el robo, Cian visitó a un hada mágica llamada Birog, que había accedido a ayudarle. Ella conjuró un hechizo mágico que le transportó a lo alto de la torre donde Ethniu estaba prisionera.

Tras entrar por una ventana, Cian se presentó y empezó a cortejar a Ethniu. Poco después, la sedujo y volvió a trepar por la ventana para recuperar la vaca robada. Esperanzado por haber sembrado la semilla de su venganza, huyó de la zona.

El niño casi ahogado

Lugh, junto con sus otros dos hermanos, fue concebido esa noche. Con el paso del tiempo, Balor se dio cuenta de que su hija estaba embarazada. Tras dar a luz a sus trillizos, su padre se los arrebató de los brazos, los recogió en un fardo de sábanas y ordenó a un sirviente que los ahogara en el lago. La sirvienta obedeció. Consiguió ahogar a los dos primeros trillizos, pero dejó caer al tercero al puerto. Este tercer niño era Lugh, que fue rescatado por Birog.

Cuando Birog se dio cuenta de quién era el padre del niño, devolvió a Lugh a Cian. Para proteger aún más a su hijo, Cian tomó la decisión de acoger a su hijo con alguien. Diversas versiones del mito incluyen al hermano de Cian, Gavida, el dios de la herrería; al dios del mar Manannan mac Lir; e incluso a la reina de Bilrog, Tailtiu, como sus padres adoptivos. Como Lugh estaba oculto, el día de la venganza de Balor nunca llegó, pero cimentó aún más la profecía que se iba a desarrollar.

Lugh y los Tuatha De Danann

Tras su milagrosa supervivencia, Lugh creció hasta convertirse en un excelente joven caballero. Con el tiempo, llegó a dominar todos los oficios y habilidades, hasta el punto de querer convertirse en miembro de los Tuatha de Danann. Como protector de los dioses, se dio cuenta de que podía poseer una gran cantidad de poder e imponer el respeto de los pueblos inferiores.

Rechazo y engaño

Lugh dominaba todos los oficios que él y los dioses consideraban valiosos. Las habilidades en oficios como la herrería, la esgrima, la historia, la poesía, la hechicería y muchos otros se consideraban de máxima prioridad a la hora de permitir que alguien gobernara un determinado oficio. Entró en la Sala de Nuada, en el reino de Tara, o palacio de los dioses.

Llamó a las puertas del palacio y exigió una audiencia con el rey para mostrar sus habilidades. A aquellos que eran dignos de la atención del rey se les concedía acceso para servir al rey con sus dones. Lugh demostró una y otra vez que era digno de un puesto en los Tuatha De Danann. Sin embargo, cada vez que era recibido por el portero, era rechazado porque los puestos ya estaban ocupados.

Tras el rechazo final, se dio cuenta de que no podría lograr su objetivo con una sola habilidad. Curioso y formulando un plan, preguntó al portero si el papel de maestro de todas las habilidades estaba ocupado; la respuesta fue negativa. Como resultado, Lugh se encontró a sí mismo como el dios con el título de "maestro de cada habilidad". Tras su audiencia con el rey, a partir de entonces se le conoció como Jefe Ollam, o "maestro de todas las habilidades".

Salvador de los dioses

Cuando Lugh finalmente consiguió acceder al palacio, descubrió que su pueblo estaba oprimido por los Fomorianos. Estaban en constante temor y sumisión a los Fomorianos, lo que pilló a Lugh por sorpresa. Los fomorianos organizaron un concurso para ver quién era el más hábil en varias tareas, como lanzar una losa y combatir. Lugh se opuso al campeón Ogma y ganó todos los concursos, como sugerían su nuevo nombre y título. Después tocó el arpa para entretener a los fomorianos y a la corte.

Nuada, el actual rey de los dioses, se acercó a Lugh basándose en sus habilidades y se preguntó si este joven sería su salvación. Lugh fue entonces introducido en las estrategias de batalla mientras los Tuatha De Danann empezaban a hacer preparativos para la guerra contra los Fomorianos. Sin embargo, sus preparativos no durarían, ya que se desarrolló la Primera Batalla de Moytura.

Durante este conflicto, los Tuatha De Danann y los fomorianos llegaron a un punto muerto. Nuada había perdido su mano derecha y, de acuerdo con sus costumbres, se vio obligado a dimitir. En las tradiciones de los Tuatha De Danann, un rey debía permanecer inmaculado; como el rey había perdido la mano, ya no podía ser el rey. Como consecuencia, el siguiente en la línea de sucesión fue Bres, que retrasó la guerra. Bres era mestizo, ya que uno de sus progenitores era fomoriano.

Segunda batalla de Moytura

Con el tiempo, Bres gobernó sobre los Tuatha De Danann y contribuyó a su esclavitud ante los fomorianos. El rey Bres gobernó durante 27 años, obligando a su reino a someterse a la voluntad de los fomorianos. La primera batalla de

Moytura desapareció de la mente de todos, excepto de la de Lugh. Mientras el rey Bres reinaba, Lugh partió para encontrar y reclamar el trono para Nuada, el rey legítimo. Wright afirma que Lugh, junto con otros dos que se dice que son el padre y el hermano de Cian, ayudó a forjar dos puños: uno construido de plata y el otro de carne, para devolverlo a Nuada y ayudarle a reclamar el trono. Una vez que Nuada estuvo entera de nuevo, Lugh pudo reunir tropas y prepararse para otra guerra.

Antes de la batalla final en Moytura, Lugh inspiró a las tropas preguntándoles qué habilidades traían. A medida que llamaba a cada hombre y mujer, su inspiración y determinación para ganar la batalla aumentaban. Muchas de las tropas sabían que no volverían de la batalla, pero su voluntad de luchar por la libertad de la opresión y la esclavitud eclipsó incluso a los poderosos espíritus de dioses y reyes. Tras el discurso final de Lugh, declararon la guerra a los Fomorianos.

La profecía se desvela

La brutal batalla fue larga, sangrienta y ardua. Ambos bandos derramaron sangre en su valiente lucha. El agotamiento goteaba de las extremidades de todos al chocar el metal de las fuerzas opuestas. Ambos bandos sufrieron grandes pérdidas. Nuada destronó a Bres tras recuperar su mano. Tras la caída de Bres, los fomorianos se negaron a aceptar su derrota; los Tuatha De Danann, inspirados por la eliminación de un tirano, lucharon con más ahínco.

Nuada fue asesinado poco después por Balor, tras el destronamiento de Bres. Balor decapitó al rey en medio de la batalla. La repentina pérdida de su rey impactó a todos los Tuatha De Danann. Muchos de ellos se tambalearon al darse cuenta de lo que le había ocurrido a su rey, pero el repentino dolor avivó su sed de sangre y venganza. Lugh no fue diferente y buscó a su abuelo.

Antes de que Balor pudiera deleitarse con su gloriosa muerte, Lugh se enfrentó a él. El reconocimiento y el miedo irradiaban del único ojo del gigante. Abrió su otro ojo, famoso por envenenar todo lo que miraba. Lugh estaba preparado para esto. Una vez abierto el ojo, soltó una piedra de su fiable honda. El proyectil alcanzó a Balor en el ojo venenoso, matándolo al instante. Se desplomó, y el reino del terror murió con él. La profecía había cerrado el círculo.

Resolución

Tras la muerte de Balor, las tornas cambiaron a favor de los Tuatha De Danann. Una vez que el amado rey de los fomorianos cayó, también lo hizo su voluntad de luchar. Los Tuatha De Danann expulsaron a los fomorianos al lago, que reclamaron como parte de su reino. La batalla estaba ganada, pero quedaba un cabo suelto por atar: cómo tratar a Bres.

Lugh cazó a Bres después de ganar la batalla, una vez que Bres estaba solo, indefenso y aún en el campo de batalla. Bres suplicó de rodillas que le perdonara la vida. Lugh accedió, pero sólo si Bres accedía a compartir sus conocimientos sobre qué y cuándo plantar, sembrar y cosechar la tierra de los Tuatha De Danann. Bres aceptó las condiciones, pero más tarde fue asesinado por Lugh cuando le dio la leche envenenada de 300 vacas de madera y le obligó a beberla.

Demostrando que era el maestro de todas las habilidades, especialmente de las de batalla, Lugh fue declarado oficialmente rey de los Tuatha De Danann. Gobernó el reino durante muchos años -alrededor de 40- hasta su muerte y el principio del fin del reinado de los Tuatha De Danann.

La muerte del Rey

Aunque alabado por su capacidad para gobernar el reino de los dioses, Lugh era también un embaucador y conocido por sus constantes aventuras amorosas. A lo largo de su vida, tuvo al menos tres esposas diferentes con los nombres de Bui, Buach y Nas. Actualmente se desconoce si todas sus esposas estuvieron casadas con él a la vez, o si se divorció y se volvió a casar. Sin embargo, Lugh no veía con buenos ojos que sus esposas tuvieran aventuras extramatrimoniales. Una de sus esposas, Buach, tuvo un romance con el hijo del Dagda, Cermait.

Al descubrir la aventura, Lugh mató a Cermait en un arrebato de venganza. Una vez muerto el amante de su esposa, hizo como si nada hubiera pasado y continuó su vida como de costumbre. Los tres hijos de Cermait, Mac Cuill, Mac Greine y Mac Cehct, comenzaron a tramar su venganza.

Los hijos de Cermait capturaron al otrora gran rey y lo atravesaron con una lanza en el pie, atrapándolo en la orilla de un lago. Después, lo ahogaron en el lago forzando su cabeza bajo el agua hasta que ya no pudo respirar. Intentó luchar contra los tres enemigos, pero a medida que sus esfuerzos se debilitaban, los hijos pudieron dominarlo. Abandonaron su cuerpo en el lago, dándole el nombre de Loch Lugborta.

Tras su muerte mortal, Lugh fue enviado a Tir na nOg, o el Sobremundo, el equivalente del Elíseo y el cielo en otros panteones y textos históricos. El mundo de los muertos también era conocido como la tierra de la juventud sin fin, lo que significaba que no había muerte, enfermedad ni envejecimiento. Lugh visitaba a menudo el reino de los mortales, y se creía que tras su muerte engendró al legendario Cu Cuthlainn.

Conclusión

La vida y muerte de Lugh fue una fascinante historia de engaño, venganza y amor, todo en uno. Desde las circunstancias de su nacimiento hasta su complot para convertirse en el rey de los dioses, Lugh era el hijo de la profecía y un dios de la justicia. Era una deidad que no debía tomarse a la ligera ni en la vida ni en la muerte. El pueblo celta extraía sabiduría y fuerza de sus mitos. Se celebraba un festival en su nombre para honrar su vida y su viaje a Tir na nOg. Favorito del pueblo celta, Lugh inspiraba a todos los que le honraban.

CAPÍTULO 5: LA DAGDA

El Dagda, también conocido como el rey superior del panteón celta, era admirado por el pueblo por su jovialidad y seriedad a partes iguales. A menudo se representaba al Dagda macizo como un gigante y con un manto andrajoso con capucha que le quedaba pequeño. Algunas partes de su cuerpo se representaban más grandes de lo normal. Debido a la influencia del cristianismo sobre el pueblo celta, los católicos representaban a esta deidad como una sátira cómica para socavar cualquier autoridad que la deidad hubiera poseído.

El Dagda tenía muchos epítetos y atributos, pero era más famoso como rey de los dioses. Gobernó a los Tuatha De Danann durante 80 años antes de su muerte, que permitió a Lugh surgir de su reinado. Uno de los efectos más notables en el panteón celta fue que recordaba que todas las cosas mueren, incluso los propios dioses.

El Dagda y las herramientas mágicas

El Dagda tenía fama de poseer tres herramientas mágicas mientras gobernaba a los Tuatha De Danann: un caldero mágico, un bastón y un arpa. Cada uno de ellos representaba su maestría en un campo concreto. Estas herramientas, junto con la forma en que se le presentaba en los mitos, ponían de manifiesto su brillantez y sabiduría durante su reinado.

El caldero

Se rumoreaba que el caldero que llevaba consigo en sus viajes no tenía fondo. Conocido como *coire ansic*, este caldero mágico de bronce era conocido por no vaciarse nunca, dando a todos los que se aventuraban con él la barriga llena. También se rumoreaba que el caldero era tan grande que podían caber dos hombres cómodamente en él. Las habilidades mágicas del caldero incluían resucitar a los muertos y curar cualquier tipo de herida.

Este caldero era también uno de los Cuatro Tesoros de los Tuatha De Danann. Cada tesoro se encontraba en una isla específica, con pruebas y un poeta que dominaba varias artes: conocimiento, druidismo, habilidad mágica y visiones proféticas. Para ganar uno de estos tesoros, el aspirante se enfrentaba al poeta para lograr el pleno dominio de la materia.

Había cuatro islas y ciudades asociadas a cada una de estas habilidades. En la ciudad de Falias se encontraba el poeta Fessus, o Morfessa, que poseía la Piedra de Fal. Este tesoro se asociaba con el rey de Irlanda en su conjunto, por lo que imbuía al rey de poderes. La ciudad de Gorias, con el poeta Esras, guardaba una lanza que Lugh utilizó más tarde en su vida. La lanza otorgaba esencialmente al portador la invencibilidad contra un ejército de enemigos. La ciudad de Findias, con el poeta Uscias, poseía la Espada de la Luz, que más tarde sería entregada a Nuada. Esto hacía que los enemigos no pudieran escapar de la espada una vez desenvainada. Por último, el caldero lo poseía el poeta Semias en la ciudad de Murias.

Por desgracia, actualmente no existe ninguna historia o mito sobre cómo el Dagda pudo conseguir este caldero. Los eruditos debaten si se lo ganó él mismo o si se atribuyó el mérito del trabajo de otro.

Personal

Otro de los infames recuerdos del Dagda era el bastón que siempre llevaba consigo, llamado *lorg mor*. En varias traducciones del mito, debido a las numerosas lenguas de los celtas, el bastón también se denominaba garrote. En cualquier caso, esta valiosa arma otorgaba al Dagda la capacidad tanto de matar como de resucitar.

Sólo existe un mito que ilustra cómo el Dagda recibió el bastón de tres hombres que llevaban regalos que les había dado su padre. Esta historia comenzó después de que el hijo del Dagda, Cermait, fuera asesinado por Lugh por tener una aventura con su esposa. El Dagda encontró a su hijo después de que Lugh lo hubiera asesinado en venganza y cargó a Cermait a la espalda, llorando. Después de recorrer una gran distancia, depositó a Cermait en el suelo y empezó a pronunciar todos los conjuros que conocía para resucitar a su hijo. Mientras susurraba diversos conjuros, también lo cubrió de hierbas.

Todo fue en vano. Su hijo no despertó, así que el Dagda llevó a Cermait a través del mundo hasta que se encontró con comerciantes orientales. Encontró a tres hombres, cada uno con un regalo que su padre les había entregado. El Dagda preguntó qué regalos eran, y ellos respondieron con tres objetos: una capa, un bastón y una camisa. El bastón estaba imbuido de poderes mágicos de resurrección y destrucción, la capa permitía al portador transformarse en cualquier cosa mientras la llevara puesta, y la camisa aseguraba que el portador permanecería sano de enfermedad o tristeza.

El Dagda estaba muy interesado en el bastón. Los tres hombres le describieron sus poderes. El extremo liso servía para resucitar, y el rugoso tenía la capacidad de matar hasta nueve enemigos a la vez. Pidió prestado el bastón y procedió a matar a los hombres simultáneamente. Tras la matanza, el Dagda devolvió la vida a Cermait. Tras despertar, Cermait convenció a su padre para que devolviera también la vida a los hombres que había matado, y el Dagda accedió.

Una vez vivos, les permitió quedarse con la capa y la camisa para que no les faltaran. El bastón, en cambio, se lo había prestado y no podía reclamarlo. El Dagda juró que, cuando le llegara la hora de morir, el bastón volvería a su legítimo dueño.

El arpa

Su arpa de confianza, también conocida como *uaithne* o la "Música de los Cuatro Ángulos", también estaba imbuida de propiedades mágicas distintivas. El arpa era de madera de roble y estaba adornada con oro y joyas. A pesar de lo magnífico que resultaba contemplarla, la música que tocaba el Dagda era indescriptible. Concedía a la Dagda el poder de cambiar el estado de ánimo de cualquiera que la oyera, así como de cambiar las estaciones.

Aunque actualmente se desconoce cómo llegó el arpa a manos del Dagda, hay un mito que la rodea. En la Segunda Batalla de Moytura, el Dagda utilizó la magia del arpa para influir en las fuerzas contrarias. En la batalla, tocaba acordes musicales para inspirar a los hombres a olvidar sus miedos y concentrarse en la sed de sangre y la venganza. Cuando la batalla terminó, permitió a los hombres recordar la gloria de la batalla en lugar del dolor de sus heridas y la tristeza por la pérdida de sus hermanos de armas.

Antes de que se ganara la Segunda Batalla de Moytura, el arpa fue robada una noche mientras los fomorianos y los Tuatha De Danann estaban en guerra entre sí. Los fomorianos habían oído hablar de la gloriosa arpa del Dagda y del poder que proporcionaba. Mientras el Dagda luchaba en las numerosas batallas, los fomorianos se colaron en su casa desprotegida para robar el arpa. Tras su exitoso robo, creyeron que el arpa les beneficiaría y, al mismo tiempo, debilitaría a los Tuatha De Danann.

En respuesta al robo de su arpa, el Dagda corrió al cuartel general, un viejo castillo abandonado que los fomorianos utilizaban como refugio temporal. El arpa colgaba de una pared detrás de donde todos los fomorianos se habían reunido para comer y festejar su victoria sobre sus rivales. Sin embargo, una vez que el Dagda entró en el castillo abandonado, llamó a su arpa. El arpa siguió la voz de su amo hasta que se reunieron. El Dagda tocó una canción en el arpa, provocando el llanto de las mujeres y los niños; los hombres ocultaron sus rostros con capas debido a la vergüenza que sentían por haber robado. La siguiente canción que tocó hizo reír histéricamente a todos los fomorianos, hasta el punto de que no podían moverse. Y finalmente, la última canción que tocó era tan pacífica que adormecía a la población.

En la defensa inicial para impedir que el Dagda reclamara el arpa, nueve hombres se abalanzaron sobre él. Con su bastón, el Dagda mató a los nueve hombres a la vez.

El regreso del bastón

Los Dagda, junto con las numerosas deidades, incluidos Lugh y Nuada, lucharon juntos en la Segunda Batalla de Moytura contra los Fomorianos. En la mitología celta, esta batalla era una de las pocas que quedaban del primer ciclo mitológico llamado Ciclo de las Invasiones, que narraba el ascenso y la caída de los Tuatha De Danann. En esta batalla, ambos bandos sufrieron grandes pérdidas, siendo la Dagda una de ellas.

Cómo cortejar a la diosa de la guerra

Antes de la Segunda Batalla de Moytura, el conflicto entre los fomorianos y los Tuatha De Danann era cada vez más intenso. Cada bando sabía que la batalla sería inevitable; ya habían tenido un conflicto anterior, y una vez bajo el dominio de Bres, los fomorianos se volvieron más arrogantes y firmes. Sin embargo, los dioses se aseguraron de que, cuando llegara la batalla, tendrían una pequeña ventaja sobre sus oponentes.

El Dagda se encargaba de capturar ganado, incluido ganado vacuno y ovino, para obtener leche y carne. Intentaba despojar a los fomorianos de sus importantes recursos para alimentar a sus ejércitos, centrándose en el ganado vacuno y ovino. Aunque sus robos no sirvieron de mucho en general, el resultado fue mantener a los fomorianos alerta y al tanto de la presencia de los Tuatha De Danann.

Cuando las tensiones alcanzaban su clímax, ambos bandos se prepararon para la guerra. El Dagda, en su infinita sabiduría, hizo una visita a Morrigan, diosa de la guerra, la muerte y la profecía. Ser rey de los dioses tenía sus ventajas, y el Dagda utilizó todos los privilegios y el prestigio que conllevaba el título. Visitó a la Morrigan mientras se bañaba en Samhain, concediéndole acceso a ella. Al principio ella se negó, sabiendo lo que el Dagda realmente buscaba, pero él la sedujo de todos modos.

Impresionada por su habilidad como amante, accedió a ayudar a los Tuatha De Danann concediéndoles su favor. Utilizando sus poderes como profeta, le concedió una visión de la inminente batalla, en la que los Tuatha De Dannan saldrían victoriosos, pero le advirtió de que habría que pagar un alto precio. Despreocupado, dejó a la Morrigan para seguir trabajando en las estrategias de batalla.

La batalla final: Tuatha De Danann contra los Fomorianos

Durante la Segunda Batalla de Moytura, el Dagda utilizó sus tres objetos mágicos para ayudarle. Mientras Lugh reunía a las tropas para la batalla, invocó al Dagda, preguntándole qué dones había utilizado para asegurar que los Tuatha De

Danann ganaran la batalla. Su poderoso bastón fue el primero que reivindicó, ya que era capaz de matar a nueve enemigos a la vez. Mencionó también el arpa, para asustar a los fomorianos y poner banda sonora a la batalla para que los soldados se llenaran de sed de sangre y de gloria. El caldero era para asegurar que cada hombre o mujer fuera alimentado y curado.

En la gran batalla, después de que Nuada cayera a manos de Balor, el Dagda se apresuró a ayudar a su hermano. Lleno de rabia y dolor, se lanzó entonces a la batalla contra la esposa de Balor Cethlenn. Mientras ambos entablaban combate, ella hirió mortalmente al Dagda con un arma de proyectil como una lanza, pero el arma en sí sigue siendo un misterio.

La batalla fue ganada, y los Tuatha de Danann salieron victoriosos como se había profetizado. El Dagda regresó a su hogar en Bru na Boinne, donde fue enterrado. Su bastón fue devuelto a la familia de los tres hombres que se lo habían prestado. Tal y como había prometido el propio Dagda, a su muerte, el bastón regresó a su legítimo propietario.

El Dagda gobernó a los Tuatha De Danann durante 70-80 años, según las distintas versiones del mito. Aunque su cuerpo físico había muerto, su espíritu seguía vivo.

Como la mayoría de los miembros de los Tuatha De Danann, cuando mueren, pasan al Inframundo. Sin embargo, todavía se puede hablar con su espíritu a través de los túmulos de hadas. Cuando uno de ellos se encontraba en una situación de gran necesidad, podía invocar al dios hablando con su túmulo funerario, situado cerca de su casa.

Conclusión

Los mitos del Dagda habían dado lugar a muchas especulaciones sobre el tipo de deidad que era. Puede que no fuera tan notorio como otras deidades como Lugh o incluso la Morrigan, pero el Dagda tenía un arco excepcional para su desarrollo como dios y como historia en sí. El Dagda era más conocido por su uso de herramientas mágicas en las batallas y, por supuesto, por engendrar al dios del amor Aengus al tener un romance con la diosa del río Boann. Sus muchas decisiones cuestionables le llevaron por el camino de muchas victorias y éxitos en su linaje como deidad. El Dagda fue probablemente el más poderoso de todos los reyes de los dioses, incluido Lugh. El próximo capítulo presentará al infame hijo de Lugh: Cu Chulainn.

CAPÍTULO 6: LOS MITOS DE CU CHULAINN

Cu Chulainn, quizá una de las figuras más conocidas del antiguo panteón celta, fue considerado un héroe e inspiración de numerosos mitos. Desde su nacimiento hasta su muerte, Cu Chulainn fue una figura que infundía respeto y admiración tanto a sus amigos como a sus enemigos. Los mitos resultantes de esta figura siguen inspirando ese mismo temor y admiración hasta nuestros días, ya que sus historias se siguen transmitiendo de generación en generación.

El sabueso de Culann

El nacimiento de Cu Chulainn fue producto de la infidelidad del propio dios del sol Lugh. En algunas versiones del mito, se creía que Lugh había dejado embarazada en sueños a una mujer mortal llamada Deichtine. Deichtine estaba casada con Sualtam. Por mucho que se creyera que Cu Chulainn era una reencarnación del propio dios del sol, el embarazo resultante hizo que Sualtam se convenciera de que su mujer tenía una aventura. Poco después nació el niño.

Setanta

Actualmente es un misterio cómo reaccionó Sualtam cuando se dio cuenta de que su mujer había tenido una aventura. Sin duda hubo preguntas sobre el nacimiento del niño, pero parece que Sualtam crió a Cu Chulainn como si fuera suyo. Nacido con el nombre de Setanta, el pequeño tuvo una infancia feliz. Era querido por su madre y su padrastro, aunque nunca le hablaron de su verdadero linaje. Setanta ayudaba a su familia en su granja ordeñando vacas, cortando leña y realizando otras diversas tareas dedicadas exclusivamente a un niño.

Sin embargo, Setanta no era un niño corriente. Estaba obsesionado con aprender a luchar contra sus oponentes. Un día, cuando tenía unos cinco años, oyó hablar a los chicos de la zona de una escuela dedicada a entrenar a los mejores guerreros del país. La escuela era conocida como la Macra. Si aprobaban los numerosos exámenes y se mostraban prometedores en la batalla, los niños ingresaban en el famoso gremio de luchadores conocido como los Caballeros de la Rama Roja.

Setanta quería formar parte de la acción. Rogó a sus padres que le enviaran a la escuela, pero le informaron de que aún era demasiado joven para ir. Al fin y al cabo, las vacas no se ordeñaban solas.

En contra de los deseos de sus padres, ese mismo día visitó la escuela con un escudo hecho de ramas, un palo y una pelota dura. Caminó por el campo hasta llegar a la escuela. Los niños practicaban un deporte llamado hurling, parecido al hockey sobre hierba de hoy en día. Setanta, que ya era un jugador de talento, se unió al juego y no tardó en marcar un gol.

El presagio de la grandeza

Los niños se enfurecieron al ver que la sangre nueva marcaba un gol sin pensárselo dos veces. Setanta, confuso por la repentina hostilidad, recuperó la compostura cuando los niños empezaron a lanzarle sus hurras y pelotas duras. Unos pocos le alcanzaron, pero entonces comprendió que le estaban atacando. En lugar de darse la vuelta y huir, Setanta se mantuvo firme y esquivó todos los golpes que le lanzaban. Al final, se vio rodeado por al menos 30 niños que le dejaron inconsciente.

El director de la escuela y también rey de la zona, llamado Conchobar, oyó la conmoción en el exterior y se dirigió fuera de los muros del castillo hacia donde escuchó el clamor de la lucha. Esperando ver algo más catastrófico, se llevó una grata sorpresa cuando vio a Setanta rodeada por los demás niños. El rey inscribió automáticamente al joven Setanta e incluso celebró una fiesta en su honor para esa noche en el castillo.

El nuevo nombre

El rey, ocupado en invitar a su amigo Culann al banquete, se olvidó por completo de Setanta. Creyendo que todo el mundo estaba a salvo, Culann permitió que su perro se soltara para vigilar la entrada del castillo. Los demás empezaron a comer; el rey y su invitado se sentaron a la mesa.

Setanta llegó al castillo del rey para participar en el festín que se le había prometido. Ansioso por comenzar su entrenamiento, Setanta se dirigió a las murallas del castillo cuando fue recibido por un sabueso que custodiaba la entrada. El sabueso, sin saber que Setanta era un invitado del rey, atacó. Se desató una feroz batalla entre las dos fuerzas. Setanta esquivó los ataques y, de un rápido golpe, mató al sabueso en defensa propia.

Los chillidos y gruñidos atrajeron al rey y a Culann. El rey se acordó de Setanta y corrió a socorrerlo, temiendo lo peor para el niño. En su lugar, encontró el cuerpo destrozado del sabueso en el suelo. Setanta estaba vivo y, en su mayor parte, ileso, salvo algunos arañazos producidos por la pelea.

Culann lloró la pérdida de su perro guardián. Para compensar el malentendido, Setanta ofreció sus servicios: juró que vigilaría la casa de Culann mientras se encontraba y criaba un nuevo perro. Tanto al rey como a Culann les sorprendió la promesa de un niño, pero aceptaron el trato.

Todos los presentes coincidieron en que semejante hazaña no debía pasar desapercibida. Había que dar un nuevo nombre al muchacho que había matado a un enemigo tan poderoso. A partir de entonces, Setanta sería conocido como Cu Chulainn, o "el sabueso de Culann".

Otros relatos

Aunque esta versión del mito está más dirigida a los niños, hay variaciones del mito que aumentan lo que está en juego. En una variación, el principio es el mismo, pero las condiciones de la muerte del sabueso son distintas. En esta versión, Culann no era amigo del rey, sino uno de sus enemigos que intentó tenderle una emboscada y matarlo. Setanta llegó al castillo, pero en su lugar fue recibido con el sonido de metal repiqueteando. Se apresuró a defender al rey del sabueso y lo mató. Culann huyó. Sin embargo, la historia de heroísmo se mantiene en el contexto del mito.

Los (muchos) amantes de Cu Chulainn

El prestigio de Cu Chulainn como guerrero le acompañó en sus numerosos viajes y batallas a lo largo de los años. Como hombre joven, atractivo y poderoso, tuvo sus amantes. La infidelidad se extendió por todos los mitos del panteón celta, y la historia de Cu Chulainn no fue diferente.

Joven y soltero

Muchos de los hombres con los que Cu Chulainn se aventuraba temían constantemente que intentara robarles a sus esposas. El joven semidiós era un hombre atractivo, y a menudo utilizaba su apariencia para aprovecharse de las mujeres. Para remediar este problema, los hombres buscaron por todas partes una esposa adecuada para Cu Chulainn, pero fue en vano. Aunque muchas se enamoraban de él, él no les tenía cariño.

Sin embargo, una mujer llamó la atención de Cu Chulainn. Se llamaba Emer, hija de Forgall Monach, que se oponía al encuentro. Pensó en un plan para que Cu Chulainn se entrenara en Escocia con una guerrera llamada Scathach. Sus habilidades guerreras eran legendarias, e imaginó que Cu Chulainn no sería rival para ella. Cuando se lo sugirió a Cu Chulainn, éste aceptó y viajó a Escocia para entrenarse. Mientras se entrenaba, también engendró un hijo llamado Connla, pero no estuvo realmente presente en su vida.

Tras su formación, regresó a Irlanda y pidió la mano de Emer en matrimonio. El padre de Emer seguía sin aprobar el matrimonio. Furioso, Cu Chulainn asaltó los muros del castillo y mató a muchos de los hombres de Monach, utilizando el entrenamiento de Escocia con Scathach. Vencido, el rey finalmente dio su bendición y permitió que ambos se casaran.

La muerte de su Hijo

Otro mito relacionado con este poderoso guerrero fue la muerte accidental de su hijo Connla. La mujer que dio a luz a su hijo se llamaba Aife. Era la rival de Scathach y, en algunas versiones, su hermana gemela. Cu Chulainn y Aife se enzarzaron en una batalla, los dos casi igualados, pero Cu Chulainn tenía las de ganar. La engañó diciéndole que, en plena batalla, su carro y sus caballos habían caído por un precipicio. Los caballos y el carro de Aife eran su posesión más preciada. Con ella distraída, le puso un cuchillo en la garganta y le exigió que le diera un hijo.

Cuando abandonó Escocia, Aife aún estaba embarazada de su futuro hijo Connla. Con el paso de los años, el joven Connla quiso saber quién era su padre. Se aventuró a Irlanda en busca de su padre. En venganza por la ausencia de Cu Chulainn, le dijo al joven que no se identificara ni se echara atrás en una pelea. Connla también estaba entrenado para la batalla, por lo que creía que vencería a cualquier enemigo que se le opusiera. Durante la noche, Connla llegó a casa de su padre.

El ruido de la llegada de Connla alarmó a Cu Chulainn. Agarrando su fiel lanza, se lanzó contra el invasor cuando éste se negó a identificarse. Creyendo que se trataba de una amenaza, Cu Chulainn atacó a Connla. Padre e hijo se enzarzaron en una feroz batalla, y Connla estuvo a punto de derrotar a Cu Cuthlainn. Su padre fue más rápido y lanzó la lanza contra Connla, alcanzándole en el pecho.

Cu Chulainn no se dio cuenta de que había matado a su hijo hasta que el ataque se desvaneció y la luz de la batalla desapareció de sus ojos.

Los celos de Emer

Emer conocía todas las citas de Cu Chulainn con las damas y, aunque no era una mujer celosa por naturaleza, se ponía celosa si él se enamoraba de otra. En este caso, fue con Fand, la esposa del dios del mar Manannan mac Lir. Cu Chulainn la rescató de los fomorianos cuando atacaban al dios en el paseo marítimo, al que acudió Manannan, dejándola atrás.

Una vez ganada la batalla, Cu Chulainn y Fand se vieron e inmediatamente se enamoraron. Después de salvarla, Cu Chulainn pidió su mano y ella aceptó.

Manannan sabía que la relación estaba condenada desde el principio porque Cu Chulainn era mortal y Fand un hada. Dejó que la relación siguiera su curso.

Sin embargo, a Emer no le hizo mucha gracia enterarse de este nuevo matrimonio con otra mujer. En su furia, intentó matar a la otra mujer, pero Cu Chulainn pudo detenerla antes de que matara a Fand.

Fand no estaba disgustado por el posible asesinato, sino más bien impresionado por la cantidad de amor que Emer aún sentía por su infiel marido. Era un amor verdadero, y Fand se dio cuenta de que los dos debían estar juntos después de todo. Entonces volvió con su marido Manannan.

Para asegurarse de que no recordaran su amor, Manannan agitó su capa mágica entre ellos para que no volvieran a encontrarse. Luego ambos bebieron elixires para borrar el recuerdo de su amor.

Conclusión

Aunque los mitos sobre Cu Chulainn fueron abundantes, los principales sobre su vida y sus amantes son algunos de los más fascinantes. Cu Chulainn era famoso por su destreza en el combate y la sabiduría estratégica que puso en práctica a lo largo de su etapa como guerrero. Nacido de un linaje de intenso poder, no era de extrañar que fuera capaz de lograr hazañas casi imposibles. La perdición de Cu Chulainn no fueron sólo las mujeres que había atraído, sino los hijos de los muchos enemigos que había matado. Como parte de su ajuste de cuentas, le debilitaron mediante la magia y acabaron con él. En sus últimos momentos, su vida se convirtió en las leyendas que hoy conocemos. A pesar de ser el semidiós más famoso del panteón celta, la popularidad de Cu Chulainn rivaliza con otra leyenda que habla de un niño prodigio que creció hasta convertirse en otro héroe alabado por los celtas.

CAPÍTULO 7: EL SALMÓN DEL CONOCIMIENTO

Finn mac Cumhail fue otro de los héroes del panteón celta. Era un mortal, pero sus hazañas a lo largo de su vida le otorgaron su estatus de leyenda. Al igual que el resto de las historias de este libro, su vida fue dramática y estuvo llena de lujuria, traición y batallas por un heredero. Sin embargo, la existencia de Finn fue uno de los mitos más célebres de todo el panteón. Su sabiduría y sus muchas victorias en la batalla dieron lugar a numerosos mitos sobre él.

El mito de la sabiduría

El mito del Salmón del Conocimiento comenzó cuando Finn era un niño. Fue enviado a convertirse en aprendiz de Finnegas, un poeta ampliamente reconocido. O'Hara señala que ambos solían vivir aventuras mientras recitaban poesía, un célebre arte de los antiguos celtas. La poesía se dedicaba a relatar historias del pasado, similares a los cuentos populares que conocemos hoy. En la conversación surgió la historia de un salmón del que se decía que poseía conocimientos sobre el mundo, e intrigado, Finn quiso saber más. Finnegas contó la historia del salmón que había comido una nuez del avellano del conocimiento, y sus rasgos se incrustaron en el salmón. Se creía que quien comiera el salmón poseería esa misma sabiduría.

El río de Boyne

En una soleada mañana de primavera, Finn y Finnegas se detuvieron en el río Boyne para una sesión de poesía. Mientras ambos se acomodaban y discutían la historia del salmón, metieron los pies en el agua y dejaron que la tranquila corriente los bañara. Con el rabillo del ojo, Finnegas creyó ver el destello de un ojo bajo el agua. Se zambulló y capturó el pez, con los ojos brillantes de triunfo.

Finnegas creía que el salmón que tenía en la mano era el gran Salmón del Conocimiento. Finnegas pidió al joven aprendiz que cocinara el salmón al fuego, pero no confiaba plenamente en su compañero. Le dijo a Finn que tenía prohibido comerse el pescado. Después de todo, había esperado muchos años para ser bendecido con el salmón. Ansiaba el conocimiento y la sabiduría que se decía que contenía el salmón.

En la llama

Mientras el pescado se cocinaba, Finnegas se fue a buscar provisiones a su casa, dejando a Finn solo con el salmón. Finn cogió una piedra lisa de la orilla del río y encendió un pequeño fuego. Al cabo de unos instantes, el pescado empezó a cocinarse. La grasa del pescado goteaba en las llamas, lo que provocó un gruñido en el estómago de Finn. Sin embargo, se negó a tocar el pescado a toda costa.

Tras varios minutos de cocción, llegó el momento de darle la vuelta para asegurar una cocción uniforme. Sin embargo, al manipularlo, su pulgar rozó el pescado. Sus jugos escaldaron al joven finlandés, y el dolor le quemó intensamente. Sin pensarlo, se metió el pulgar en la boca para mitigar el dolor. Fue entonces cuando se dio cuenta de su error.

Finn, el más sabio de los hombres

En cuanto Finnegas entró en el campamento, supo de inmediato que algo iba mal. El chico se agarraba el pulgar con la mano y tenía una expresión atormentada en el rostro. Finnegas exigió saber exactamente qué había pasado, y Finn le explicó la situación. Con un profundo suspiro, Finnegas le dijo al chico que se comiera lo que quedaba del salmón para ver si estaba imbuido de sabiduría.

A tragos famélicos, el niño devoró el pescado, pero no ocurrió nada. No hubo conciencia aguda, ni conocimiento o comprensión repentinos. Finnegas se sintió aliviado, pero también entristecido, porque el pez no era el de la leyenda.

Por una corazonada y debido a la presión que Finnegas ejercía sobre él, Finn volvió a meterse el pulgar en la boca para ver qué pasaba. En ese momento, todo cambió. Un manantial de energía y comprensión se apoderó de él; el poder del salmón por fin había tomado forma. Con la cabeza dándole vueltas por la avalancha de información, se sentó y explicó los nuevos conocimientos que había adquirido.

A partir de ese momento, Finn fue considerado el hombre más sabio de todo el país. Era capaz de utilizar este conocimiento a voluntad simplemente mordiéndose el pulgar. Esta sabiduría le ayudó en las muchas batallas a las que se enfrentaría más tarde en su vida, incluso hasta su muerte. Según los antiguos celtas, Finn era la encarnación de la sabiduría y el valor.

CONCLUSIÓN

Los temas centrales del panteón celta reflejaban la mortalidad, el amor/lujuria y la importancia de defender a los seres queridos. Los druidas, junto con los guerreros, tenían responsabilidades a partes iguales: uno se encargaba de la supervivencia de las normas culturales y la religión, el otro de la supervivencia de su pueblo en su conjunto. Los recuerdos de estos tiempos pasados han pervivido en el mito, pero muchos otros recuerdos y tradiciones se han olvidado con el tiempo.

Lo que queda de esta mitología única e intrigante aún le otorga inmortalidad. Sigue inspirando a los creadores, sin importar el medio, para crear mundos e historias que quedarán grabados para siempre en la memoria de quienes los experimenten.

Los mitos y leyendas transmitidos en este libro, así como los que no se mencionan aquí, nos recuerdan a todos que la muerte es un ciclo natural de la vida; nadie es inmune a ella, ni siquiera los grandes dioses del panteón celta. Incluso cuando muramos, las historias de nuestras vidas nos mantendrán inmortales.

CONCLUSION

Milton Keynes UK
Ingram Content Group UK Ltd.
UKHW030742121124
451094UK00013B/1060